LA MORT

DU

CAPITAINE COOK,

A SON TROISIEME VOYAGE

AU NOUVEAU MONDE.

PANTOMIME EN QUATRE ACTES;

Par M. ARNOULD.

REPRÉSENTÉE, pour la première fois sur le Théâtre de l'Ambigu-Comique, au mois d'Octobre 1788.

Prix douze sols.

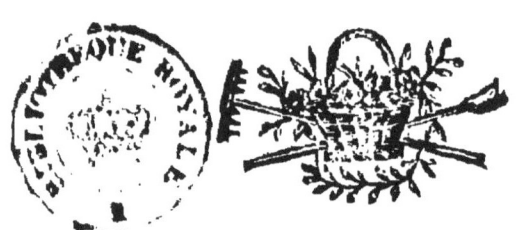

A PARIS,

Chez LAGRANGE, Libraire, rue St.-Honoré, vis-à-vis le Lycée.

M. DCC. LXXXVIII.

AVERTISSEMENT.

ON s'est proposé d'amener sur la scène un spectacle vraiment neuf & singulier, & qui offrît en même tems quelqu'intérêt. La mort tragique du Capitaine Cook, assassiné par des Insulaires qu'il combloit de bienfaits, a paru réunir tous ces avantages. On a tâché que ce célèbre Marin se montrât d'une manière digne de lui, autant que le permettoient les bornes qu'on a dû nécessairement se prescrire; & l'on sent bien que les convenances Théâtrales ne nous ont pas toujours permis de suivre la vérité à la rigueur. Nous l'avons rendue le mieux qu'il nous a été possible, dans le costume, les mœurs, les danses des Sauvages de la mer du Sud. Quant au grand homme dont nous avons fait notre principal héros, son nom est assez fameux dans toute l'Europe: il seroit inutile & déplacé de parler ici de la gloire dont il s'est couvert.

PERSONNAGES.

Le CAPITAINE COOK.

OFFICIERS ANGLOIS.

LE ROI DE L'ISLE.

OKI, *Chef de Guerriers,* } *amoureux d'Emaï.*
ÉTOÉ, *autre Chef,* }

EMAÏ, *parente du Roi.*

UN PRÊTRE.

LE PLEUREUR.

SOLDATS ET MATELOTS ANGLOIS.

INSULAIRES du parti du Roi.

INSULAIRES du parti d'Étoé.

FEMMES ET FILLES de l'Isle.

La Scène est dans l'Isle d'O-Why-e.

LA MORT
DU
CAPITAINE COOK.

ACTE PREMIER.

Le Théâtre représente un paysage agréable; on apperçoit, de distance en distance, quelques huttes de Sauvages. Dans le fond, & sur la droite, une haute montagne, appellée montagne brûlante.

SCENE PREMIERE.

EMAÏ sort de sa cabane, & va chercher des fleurs pour orner ses cheveux, & se faire une guirlande; elle s'éloigne peu-à-peu, & on la perd de vue.

SCENE II.

La haie qui ferme l'entrée de la hutte d'*Oki*, s'entr'ouvre & *Oki* sort de sa hutte, tenant quelques rangs de coquillages de différentes couleurs, dont il veut faire présent à *Emaï*; il s'approche de sa cabane, en se réjouissant d'avance de l'agréable surprise qu'il va lui causer.

SCENE III.

Il n'en est plus qu'à quelques pas lorsqu'*Etoé* le saisit brusquement par le bras & l'arrête. Dispute vive entre les deux rivaux; ils sont prêts à se battre.

SCENE IV.

Au bruit qu'ils font, *Emaï* accourt, & leur impose silence. Elle leur ordonne de faire la paix; ils se donnent la main & se réconcilient. *Emaï* leur dit que, lorsqu'il en sera tems, elle déclarera sur lequel des deux doit tomber son choix; & se retire dans sa cabane, après avoir jetté un regard tendre sur *Oki* & un d'indifférence sur *Etoé*.

SCENE V.

Les deux Amans se réjouissent, & se

flattent, chacun en particulier, d'avoir la préférence. Ils conviennent de se rendre, à la manière accoutumée, à la porte de la cabane d'*Emaï*, afin de savoir tout de suite sur lequel des deux doit tomber son choix; après quoi ils rentrent dans leur hutte.

SCENE VI.

Emaï avance la tête hors de sa cabane, & cherche à découvrir ce que sont devenus ses deux Amants; mais ne les appercevant plus, elle se doute de leur dessein, & rentre promptement dans sa hutte.

SCENE VII.

Oki & *Etoé* sortent tous deux de la leur, chacun *une grande & belle coquille à la main*; ils s'approchent ensemble & à petit bruit de la cabane d'*Emaï*.

SCENE VIII.

Une troupe de jeunes filles paroît dans le fond, & les examine en souriant.

Arrivés près de la cabane d'*Emaï*, les deux Sauvages s'arrêtent, font chacun, & ensemble, trois sauts devant la porte de la hutte, & se retirent à pas précipités, à une certaine distance.

SCENE IX.

Emaï sort de sa cabane, & vient gravement se placer entre ses deux Amants; ils se mettent tous deux à genoux, s'asseyent sur leurs talons, & présentent à *Emaï leur coquille*. Après avoir jetté un coup-d'œil d'indifférence sur *Etoé*, & après avoir regardé tendrement *Oki*, elle *enlève la coquille des mains de ce dernier*, & s'enfuit précipitamment dans sa cabane.

SCENE X.

Etoé furieux, jette au loin *sa coquille* & se retire désespéré.

SCENE XI.

Oki, au comble de ses vœux, se félicite de son bonheur, & va pour entrer dans la cabane d'*Emaï*.

Les jeunes filles accourent aussi-tôt, & lui en défendent l'entrée; il fait de vains efforts pour s'en débarrasser, lorsqu'*Emaï* profite du moment où ses Compagnes ont éloigné *Oki*, pour sortir de sa cabane, & s'échapper en riant. *Oki*, qui s'en apperçoit, court après elle, & les jeunes filles insulaires le suivent en sautant & en gambadant.

SCENE XII.

Foé seul. Il est plongé dans une rêverie profonde. Tout-à-coup il en sort pour laisser librement s'exhaler sa colère; furieux de la préférence qu'a obtenue son rival, il se promet secrettement d'en tirer bientôt vengeance.

Le bruit d'une gaieté folle qu'on entend au loin annonce l'arrivée de la noce d'*Oki* & d'*Emai*. Pour n'être point apperçu, il rentre promptement dans sa cabane.

SCENE XIII.

Quatre Sauvages apportent un tronc d'arbre, qu'ils couvrent d'une peau de *chien*: c'est l'autel sur lequel on doit célébrer le mariage.

Une troupe de jeunes Sauvages *à demi-nuds, les cheveux flottants, bouclés & peints de différentes couleurs, la tête chargée de grains de verre, de plumes rouges & de très-beaux coquillages*, viennent deux à deux & en dansant, se ranger en file sur un des côtés.

Ils sont suivis de plusieurs jeunes filles, qui sont aussi presque nues, les cheveux & la tête ornés *d'une corbeille de verdure remplie de fleurs.* Elles se rangent sur une file, vis-à-vis des jeunes garçons.

Quatre Sauvages, précédés de deux autres, *jouant, l'un de la cornemuse, & l'autre d'un tambour fait d'un tronc d'arbre,* portent sur leurs épaules *Oki,* assis sur un brancard composé de branchages & garni de verdure.

Ils sont suivis de quatre autres portant de même *Emaï,* à la suite de laquelle est un *vieux Prêtre* du pays.

Les Guerriers sans armes, terminent la marche, & se rangent en demi-cercle dans le fond.

Les Sauvages qui portent *Oki* s'arrêtent au côté droit de l'autel, & ceux qui portent *Emaï* au côté gauche.

Le Prêtre est derrière l'autel; il étend les bras, les lève ensuite vers le ciel, & fait trois sauts en les baissant & les élevant alternativement.

A ce signal, les jeunes Danseurs enveloppent les quatre Sauvages qui portent *Oki;* les Danseuses, ceux qui portent *Emaï,* & on les pose doucement à terre.

Emaï & *Oki* se tiennent debout aux deux côtés de l'autel; ils prennent chacun une guirlande verte qui pend aux deux côtés, & la tiennent à la main pendant le reste de la cérémonie.

Les Sauvages, hommes & femmes, s'asseyent sur leurs talons, la tête appuyée sur les deux mains, & les bras sur les genoux. Ils prennent part en silence au divertissement que forment en cet instant les habitants de l'Isle.

Le divertissement fini, le Prêtre s'avance, se place entre *Oki* & *Emaï*, & leur présente une baguette blanche, qu'ils prennent chacun par un bout.

SCENE XIV.

Ils la brisent en signe d'acceptation de part & d'autre, lorsqu'*Etoé*, une hache & un poignard à la main, sort de sa hutte, & fait suspendre la cérémonie, en défiant son rival au combat. *Il lui tire la langue, comme ils ont coutume de le faire dans ces occasions, tort la bouche, & fait toutes sortes de gestes menaçants.*

Oki s'avance fièrement, va chercher ses armes, fait à son ennemi les mêmes grimaces, & fond tout-à-coup sur lui. Ils se battent d'abord à la hache, & finissent par une lutte, dans laquelle *Etoé* succombe & est terrassé. *Oki* est sur le point de le poignarder, lorsqu'*Emaï* accourt, lui retient le bras, & dit à *Etoé* de se retirer; celui-ci sort furieux.

SCENE XV.

Pendant la lutte le ciel s'est obscurci par degrés, & une épaisse fumée est sortie de tems-en-tems du sommet de la montagne; la lutte finie, le tonnerre gronde, & les Sauvages paroissent consternés.

On entend au loin quelques coups de canon, signal de détresse que donne un vaisseau. Les Sauvages étonnés jettent les yeux du côté de la mer, & courent tous, les bras levés, vers le rivage.

Fin du premier Acte.

ACTE II.

Le Théâtre représente une plage entourée d'arbres étrangers. La Mer est dans le fond.

SCENE PREMIERE.

Les Insulaires, qui étoient accourus sur le rivage, au bruit qu'ils ont entendu, reviennent précipitamment sur leurs pas, & disparoissent en donnant des marques d'étonnement & de frayeur.

SCENE II.

On apperçoit sur un des côtés, un vaisseau Anglois. Le Capitaine *Cook* paroît, & regarde au loin avec une lunette; l'instant d'après il prend un pavillon blanc, qu'il agite, pour le faire remarquer.

SCENE III.

Les Insulaires, suivis de quelques Guerriers armés de lances & de haches, accompagnés de leur Roi, tenant en main un ra-

meau verd, viennent en marche réglée, se placer sur un des côtés, vis-à-vis de la frégatte.

Le Roi s'assied *sur un tabouret de bois*, porté par deux Insulaires, & les Guerriers se rangent autour de lui.

SCENE IV.

Une marche militaire annonce de loin l'arrivée des Anglois.

Le Capitaine paroît, précédé d'un détachement de Soldats de marine, commandé par deux Officiers. Arrivé en face du Prince, Cook fait flotter le pavillon blanc qu'il a entre les mains, & le Prince le sien, en agitant le rameau verd qu'il a entre les siennes. Il ordonne ensuite à ses guerriers de poser leurs armes : le Capitaine ordonne aux siens d'en faire autant. Alors le Prince s'avance & *embrasse Cook en appuyant son nez sur le sien*, & *en lui frappant dans les mains, en signe de paix*.

Le Capitaine fait avancer quatre Matelots portant deux malles remplies de différens effets. Tous les Insulaires font un mouvement de joie.

Le Capitaine fait présent au Prince d'une *médaille* & d'un *panache de plumes rouges*; il donne ensuite aux Guerriers des *haches*, & aux autres Insulaires des *clous*, des *couteaux*, &c. Les Insulaires témoignent une joie extrême de posséder ces différens objets, & sortent tous, excepté le Prince, en les examinant avec le plus grand plaisir.

SCENE V.

Les filles des Insulaires arrivent en foule & se précipitent sur la malle. Le Prince s'avance & leur ordonne de se retirer. Elles s'éloignent en formant un demi-cercle.

Le Capitaine leur fait distribuer, à l'une un *miroir* dans lequel elle se contemple avec satisfaction; aux autres des *colliers de verre*, des *plumes*, des *couteaux*, &c. après quoi elles s'avancent de chaque côté, sur deux lignes, pour examiner plus à leur aise, les présents qu'on leur a faits.

SCENE VI.

Les Insulaires reviennent gaiement chargés de différens fruits, comme *Bananes*, *noix de Cocos*, &c. Ils en font d'abord hommage au Capitaine, qui, après en avoir accepté une partie, leur permet ensuite de distribuer le reste aux gens de l'équipage qui sont avec lui.

Le Prince se fait apporter une pièce d'étoffe, faite d'écorce d'arbre, moitié rouge, moitié blanche, dont il enveloppe le Capitaine, en lui prodiguant les démonstrations de l'amitié la plus vive.

Il ordonne ensuite à deux Insulaires de porter son *tabourer* sur un des côtés, au-devant de la Scène; il prend par la main le Capitaine & l'engage à s'y asseoir auprès de lui. Les Insulaires se mêlent ensuite avec les Anglois auxquels ils témoignent beaucoup d'amitié, & se rangent, pêle-mêle, du côté du Prince & du Capitaine, pour prendre part à *l'Heiva* (fête) qui va se donner.

Le Prince fait un signal, & seize Danseurs & Danseuses, deux Musiciens, dont l'un porte un tambour & l'autre *une flûte dont il joue avec le nez*, paroissent en attitude devant lui.

Les Danseurs & Danseuses forment un divertissement à la mode du pays; *ces danses sont très-vives; ils remuent les pieds avec une agilité surprenante. Les Danseuses mon-*

trent

trent beaucoup de grâce & de douceur dans le mouvement de leurs mains & de leurs doigts qu'elles font d'après en suivant la mesure du tambour. Un Chanteur d'eloge est accompagné par d'autres de voix, & par des batteurs de mains.

Le Divertissement fini, le Prince se lève, & donne la main au Capitaine, qui l'invite, ainsi que sa suite, à venir se rafraîchir sur son bord. Le Prince y consent. Les jeunes filles des Insulaires les accompagnent en faisant de tendres agaceries aux Soldats & aux Matelots; elles y sont excitées par les Guerriers, qui n'osent les suivre, parce qu'ils craignent de se livrer aux Anglois.

SCÈNE VII.

Les Guerriers reprennent leurs armes & se retirent en témoignant de l'inquiétude de voir leur Prince entre les mains des étrangers.

Fin du second Acte.

B

ACTE III.

Même décoration qu'au second Acte.

SCENE PREMIERE.

On entend au loin, sur le vaisseau, une musique militaire célébrer le retour du Capitaine, & l'arrivée du Roi de l'Isle; cette musique calme le chagrin des Guerriers, qui reviennent sur leurs pas, & écoutent avec beaucoup de plaisir des sons qui leur étoient inconnus.

SCENE II.

Le Capitaine paroît sur le tillac, tenant par la main le Roi qui se montre très-satisfait de la réception qu'on lui a faite.

Les Guerriers, au comble de la joie, de revoir leur Souverain, font signe aux Anglois qu'ils vont bientôt les rejoindre, & sortent tous en foule par le côté opposé.

SCENE III.

Le Roi & le Capitaine se retirent, ils sont

bientôt remplacés par quelques jeunes filles, accompagnées de Matelots qui boivent & mangent ensemble familièrement.

SCENE IV.

Plusieurs Pirogues (Canots) chargées d'Insulaires portant différens fruits, quittent le rivage & prennent la route du vaisseau. Ils forcent de rames, à l'invitation des filles des Insulaires & des Matelots qui les appellent. Arrivés près du vaisseau, les Insulaires montrent aux Anglois les fruits & les volailles qu'ils leur apportent. Peu-à-peu on les perd de vue.

SCENE V.

Les femmes insulaires, tenant chacune un Matelot ou un Soldat de marine par la main, traversent gaîment la plage en donnant mille témoignages d'amitié à leurs amans.

Le Prince & le Capitaine, se tenant tous deux par la main, les suivent de près.

Quelques Officiers & Soldats Anglois terminent la marche.

On voit bientôt après repasser les Canots qui retournent au rivage.

B ij

SCENE VI.

Etoé, l'air sombre & rêveur, cherche à se dérober à la joie générale. Des projets de vengeance l'occupent tout entier.

SCENE VII.

Quatre Guerriers, de ses camarades, viennent & lui demandent le sujet de sa tristesse. Il les en instruit, & finit par leur demander leur secours pour la vengeance qu'il médite; ses camarades promettent de l'aider de tout leur pouvoir. Il les fait cacher dans différens endroits, & leur demande d'être prêts au premier signal; après quoi il se retire & va se mettre en embuscade.

SCENE VIII.

Emai, *un miroir* à la main, & tenant de l'autre *un collier de verre*, que lui a donné le Capitaine, court transportée de joie, du côté de sa cabane. *Oki* la suit de près & la retient. Il l'engage à s'asseoir; elle y consent & se regarde avec complaisance dans son miroir. *Oki* lui attache son collier, & ajuste les fleurs qui sont dans ses cheveux : enchanté de plus en plus de son épouse, il lui prodigue de tendres caresses; elle y répond avec une franchise & une liberté naturelles à ces insulaires.

SCENE IX.

Etoe paroît, *Oïi* l'apperçoit & se lève pour aller à lui. *Etoe* ne lui en donne pas le tems.

Au signal qu'il fait, ses quatre camarades sortent de l'endroit où ils s'étoient cachés, & se jettent sur *Oïi*, qu'ils entraînent malgré sa résistance.

Pendant ce tems, *Etoe* se saisit d'*Ervit*, & veut l'emmener d'un autre coté. Elle employe tous ses efforts pour se débarrasser de son ravisseur; mais enfin elle est sur le point d'être obligée de céder; elle tombe.

SCENE X.

Cook paroit. Indigné de la violence qu'employe l'Insulaire contre cette femme, il lui ordonne de la laisser en liberté. L'Insulaire refuse de lui obéir, & menace de la poignarder à ses yeux. A l'instant le Capitaine

(22)

lui saisit le bras, le désarme & s'empare d'*Emaï*. *Emaï* furieux, & n'écoutant que sa rage, se précipite sur le Capitaine qu'il cherche à frapper de sa hache. Le Capitaine fait promptement passer *Emaï* de droite à gauche; met le sabre à la main, & se garantit des coups redoublés que lui porte son adversaire. Enfin il lui fait tomber la hache des mains, & le met hors de combat. *Emaï* tombe aux genoux du Capitaine.

SCENE XI.

Les quatre Guerriers viennent au secours de leur camarade, & entourent le Capitaine qui se défend avec une nouvelle vigueur, sans abandonner l'infortunée dont il embrasse la défense : sa fermeté & sa valeur en imposent tellement à ses ennemis, qu'il parvient à les mettre tous en fuite.

SCENE XII.

Ils sont à peine partis, qu'*Oki*, que les ravisseurs ont abandonné pour voler au secours de leurs camarades, accourt & se prosterne aux pieds de son bienfaiteur, dont

Emaï embrasse aussi les genoux, & lui baise les mains. Le Capitaine les relève avec bonté, & remet *Emaï* entre les mains de son époux, en lui recommandant d'en avoir le plus grand soin, & sur-tout de se tenir sur ses gardes.

SCENE XIII.

Le Roi, accompagné de quelques Chefs, accourt au bruit qui s'est fait entendre. *Oki* & son épouse l'instruisent du service signalé que le Capitaine vient de leur rendre. Ils embrassent de nouveau ses genoux, & lui témoignent la plus vive reconnoissance.

SCENE XIV.

Un Insulaire, tout hors de lui, vient annoncer au Roi qu'*Etoé*, à la tête d'un parti considérable, s'approche pour les surprendre & les attaquer.

Le Capitaine dit au Roi qu'il n'a rien à craindre, & qu'il le garantira de ses ennemis. A un signal qu'il donne, les Soldats de marine qui l'avoient accompagné, paroissent & reprennent le chemin du vaisseau, après

B iv

que la Chaîne a de nouveau assuré le Roi qu'il lui fera remporter la victoire sur ses ennemis.

SCENE XV.

Le Roi se retire après avoir ordonné à ses Guerriers d'aller se préparer pour le combat.

SCENE XVI.

Tioc, à la tête de plusieurs Guerriers, & d'une troupe de Sauvages d'une Isle voisine, arrive à petit bruit, examine les environs, craint d'être apperçu, & divise sa troupe en trois pelotons. Il leur fait prendre, à chacun, un chemin opposé, & leur indique leur poste, pour être en état de fondre sur l'ennemi lorsqu'il se présentera.

SCENE XVII.

Le Roi, à la tête des siens, paroît d'un côté, tandis que le Capitaine Cook, à la tête de ses Soldats de marine, paroît de l'autre. Les deux troupes se mêlent, forment une marche, se divisent & prennent chacun un un poste différent.

SCENE XVIII.

Etoé & ses Compagnons marchent à la poursuite du Roi & de sa troupe, qui revient aussi-tôt sur ses pas & fait face à l'ennemi. Ils se regardent, se mesurent des yeux en se menaçant, & finissent par un combat, dont *Etoé* & sa troupe sortent victorieux : ces derniers se disposent à poursuivre l'ennemi.

SCENE XIX.

Les Anglois, commandés par leur Capitaine, les arrêtent sur-le-champ, & les forcent à reculer. Combat entre les Anglois & les Insulaires, dans lequel ces derniers sont contraints de prendre la fuite. Les Anglois les poursuivent.

SCENE XX.

Le Roi & ses Sujets qu'il a ralliés, reviennent à la charge & se disposent à aller au secours des Anglois.

SCENE XXI.

Les Anglois reviennent triomphants &

Contraste insuffisant

NF Z 43-120-14

qu'... ...bre a...e ...uveau... ...t le Roi
q... l... ...ra rem...orter la va...he fur les
c...auds.

SCENE XV.

.... a... ... ...r ordre à
... ... di... ... ...parer pour le
c...b...

SCENE XVI.

...re, à la t... ...e p... ... ...,
...'u... ...roupe de Sauvages ... ... Pie...e
f... ... ...es peti... bruit, examine les envi-
ro... ...rainte d'être apperçu, & divife fa
... en trois pelo...on. Il leur fait pre...dre,
à ch...un, un chemin o... p... , & leur ir-
d... p... ... ...pelle, p... ... ...re ... ...nt de fon-
... ... l'ennemi t... ...ôt fe ... te tera.

SCENE ... ...

...e ... ...des ...en..., paroit d...
... ... qu... ... ...pi...re... o...., ... l...
....ors de p... ... ; paroit de
l'... ... ...es deux troupes fe mêlent, for-
... ...arche, fe divifent & prennent
... ... en pofte different.

SCENE XVIII.

Etoé & ses Compagnons marchent à la poursuite du Roi & de sa troupe, qui revient aussi-tôt sur ses pas & fait face à l'ennemi. Ils se regardent, se mesurent des yeux en se menaçant, & finissent par un combat, dont *Etoé* & sa troupe sortent victorieux : ces derniers se disposent à poursuivre l'ennemi.

SCENE XIX.

Les Anglois, commandés par leur Capitaine, les arrêtent sur-le-champ, & les forcent à reculer. Combat entre les Anglois & les Insulaires, dans lequel ces derniers sont contraints de prendre la fuite. Les Anglois les poursuivent.

SCENE XX.

Le Roi & ses Sujets qu'il a ralliés, reviennent à la charge & se disposent à aller au secours des Anglois.

SCENE XXI.

Les Anglois reviennent triomphants &

conduisent avec eux deux Insulaires qu'ils ont faits prisonniers, dont l'un est *Etoé*.

Les Insulaires témoignent leur joie de la victoire remportée par les Anglois. Le Roi, en particulier, en fait compliment au Capitaine, qui remet en son pouvoir les deux prisonniers, & reprend le chemin du vaisseau avec ses troupes.

SCENE XXII.

Le Roi ordonne aux Guerriers d'éloigner les deux prisonniers, & de les représenter lorsqu'il en sera tems. Ils obéissent.

SCENE XXIII.

A un signal que fait le Roi, les femmes des Insulaires apportent du bois, dont elles forment deux bûchers ; alors deux hommes plantent un poteau dans le milieu de la Scène.

SCENE XXIV.

Etoé & son Compagnon, tous deux chargés de liens, viennent en dansant & en faisant des défis à leurs ennemis, se rendre à l'endroit destiné pour leur supplice. Ils sont conduits & gardés à vue par les Guerriers. Arrivés à leur destination, les femmes mettent le feu aux bûchers, les hommes s'asseyent & forment un cercle autour des prisonniers, & les femmes en forment un double autour des hommes.

Les deux prisonniers chantent en dansant leur chanson de mort ; ils bravent leurs ennemis, les défient de les faire souffrir autant qu'ils ont causé de tourments à leurs parents & à leurs amis.

Deux Insulaires s'approchent des prisonniers & les attachent fortement aux poteaux. Les hommes & les femmes se réjouissent l'avance du plaisir de manger leurs ennemis. Ils se lèvent tous ; se mettent à genoux, & s'asseyent sur leurs talons. Les deux Sauvages armés de couteaux & de casse-tête, se disposent à tourmenter les deux prisonniers.

Au moment où l'on s'est emparé d'eux pour les attacher au poteau, *Cook* a paru sur le pont du vaisseau, en témoignant combien il est indigné de l'action à laquelle il voit que les Sauvages se disposent ; après quoi il se retire.

SCENE XXV.

Deux coups de canon, partis du vaisseau, jettent l'épouvante parmi les Insulaires, & leur font suspendre l'exécution des deux prisonniers. Ils paroissent irrésolus sur le parti qu'ils doivent prendre.

SCENE XXVI.

Tout-à-coup *Cook* paroit, & leur défend d'attenter à la vie des deux prisonniers; il leur reproche leur cruauté, & tache de leur inspirer tout le dégoût qu'ils devroient ressentir pour de pareils festins.

Les Insulaires paroissent touchés de ses remontrances. Les armes leur tombent des mains.

Le Capitaine les engage à donner généreusement la liberté à leurs ennemis. Ils y consentent, & les délivrent avec une sorte de satisfaction.

Un des deux prisonniers se prosterne aux genoux du Capitaine, & les tient long-tems embrassés en signe de reconnoissance; *il lui prend ensuite le pied qu'il pose sur sa tête;* mais le second prisonnier, *Etoé*, toujours furieux, se sauve précipitamment aux yeux de l'assemblée, après avoir lancé un coup-d'œil terrible & menaçant sur son libérateur & sur ses camarades.

SCENE XXVII.

Le Roi ordonne aux Insulaires de se retirer. Les filles restent, & forment un demi-cercle dans le fond du théâtre. Le Roi dit au Capitaine *de choisir parmi elles celles qui lui plaisent le plus*. Le Capitaine le remercie de son offre, & oppose une résistance douce, mais décidée aux *instances pressantes des filles des Insulaires*.

SCENE XXVIII.

Etoc, un poignard à la main, paroît à travers les arbres & sans être aperçu. La présence du Roi l'empêche d'exécuter le dessein où il est d'assassiner le Capitaine; il se retire avec précaution, pour attendre un moment plus favorable.

SCENE XXIX.

Ou & la femme accourent & avertissent le Capitaine de se tenir sur ses gardes.

SCENE XXX.

Quatre Matelots traversent le théâtre en fuyant ; ils sont suivis de près par une troupe de Guerriers du parti d'*Etoé* ; laquelle troupe est à son tour poursuivie de près par un détachement de Soldats de marine.

Les filles des Insulaires s'enfuyent ; le Roi sort pour rassembler ses troupes, & *Oki* ne veut point quitter le Capitaine.

Cook met le sabre à la main ; *Etoé*, à la tête de plusieurs Guerriers, fond impétueusement sur lui. Un Insulaire lui porte un coup de massue ; *Cook* le tue d'un coup de pistolet. On le presse de tous côtés ; le Capitaine oppose une résistance vigoureuse, désarme une partie des Guerriers, tandis que les autres prennent la fuite. Les Insulaires désarmés se jettent à genoux & lui demandent grâce. Le Capitaine se laisse fléchir & la leur accorde. *Etoé* revient sur ses pas, & saisit cet instant pour lui enfoncer son poignard dans le dos. Le Capitaine lui lâche un coup de pistolet, chancèle & tombe. Les Guerriers se relèvent & témoignent hautement leur joie.

SCENE XXXI.

Les Soldats de marine reviennent triomphans.

Des Insulaires veulent les attaquer, mais ils sont presqu'aussi-tôt mis en fuite. Avant la déroute, *Etoé* tombe mort; ses amis se saisissent du cadavre, l'emportent précipitamment.

Le corps étendu du Capitaine frappe bientôt les regards des Soldats. Les Insulaires du parti des Anglois viennent se mêler avec eux. Ils s'approchent du Capitaine, en donnant des marques du plus violent désespoir. Après s'être bien assurés qu'il n'y a plus de ressource, ils se disposent à l'enlever.

Fin du troisième Acte.

ACTE IV.

La décoration est la même qu'au premier Acte; au milieu est un Morai (temple ou cimetière); dans le fond & sur le côté, une montagne brulante.

SCENE PREMIERE.

La montagne qu'on apperçoit dans le lointain laisse d'abord échapper une épaisse fumée; bientôt on en voit sortir des flammes, & enfin la lave qui se répand & coule le long de la montagne. Le bruit des explosions se fait entendre par intervalles.

Pendant ce tems deux Matelots, conduits par un Officier de Marine, apportent & fichent en terre un poteau où est attachée une plaque sur laquelle on lit: *Ci-gît le corps du Capitaine Cook, tué le 4 février 1779, par les naturels d'une isle nouvellement découverte dans les mers du Sud.*

SCENE II.

Marche funèbre. Les Soldats de marine,

les armes renversées & précédés de deux
tambours couverts d'un crêpe, font le tour
du Moraï, au milieu duquel ils déposent
le corps du Capitaine, posé sur un brancard, couvert d'un manteau & orné de
drapeaux.

SCENE III.

Les troupes rangées, & les Soldats commandés pour faire feu sur le corps, à la
voix du Capitaine, étant en place, les
Insulaires, hommes & femmes, s'approchent
en foule pour voir la cérémonie.

On donne le signal, & la première décharge se fait. A ce bruit, tous les Insulaires
épouvantés s'enfuyent.

SCENE IV.

On fait la seconde & troisième décharge,
après quoi les troupes défilent devant le
Moraï, & se retirent dans le fond, rangées
en haie.

SCENE V.

Oti & sa femme, plongés dans la plus
profonde tristesse, & les yeux baignés de

larmes, s'approchent lentement & en silence du *Moraï*, qu'ils contemplent quelques instants avec une douleur concentrée. Ils lèvent les yeux & les mains au ciel, & vont s'asseoir aux deux côtés du *Moraï* en déplorant le sort de leur bienfaiteur.

SCENE VI.

Quatre Insulaires, *portant de longues perches auxquelles sont attachées des têtes sculptées d'hommes & de femmes, l'une au-dessus de l'autre, & toujours en diminuant de grosseur, font le tour du* Moraï, *& fichent leurs perches en terre aux quatre coins ; après quoi ils se retirent.*

SCENE VII.

Les Insulaires, hommes & femmes, portant chacun un rameau de verdure, viennent en marche, précédés de deux Naturels portant de *longs tambours, sur lesquels ils frappent de loin en loin* ; trois autres Insulaires portent des *bananes, des noix de coco*, & un *cochon roti*. La marche est fermée par le Roi, le Prêtre & le Pleureur.

Après avoir formé un demi-cercle, dont

s deux extrémités sont occupées par les hommes, le Pleureur se place dans le milieu.

A un signal que fait le Prêtre, en levant les mains au ciel, & en tombant à genoux, les Insulaires vont deux à deux déposer leur rameau de verdure autour du *Moraï*.

A un autre signal que fait le Prêtre en se relevant, toute l'assemblée, excepté le Pleureur, tombe à genoux & se couvre les yeux avec les deux mains.

Ceux qui portent les *bananes*, les *noix de coco*, & le *cochon rôti*, viennent ensuite se placer derriere le *Pleureur*, qui les conduit à l'entrée du *Moraï*, où ils déposent chacun leurs présens ; après quoi ils viennent reprendre leurs places.

A un signal que donne le Prêtre, accompagné d'un coup de baguette sur les tambours, tous les Insulaires levent les bras en l'air, les baissent & les relevent ainsi jusqu'à trois fois ; ce qui doit être indiqué par trois coups de baguette.

Le *Pleureur frappe la terre de son bâton*, & ils s'accroupissent ; & se tenant tous par la main, tournent, dans cette attitude, autour du *Moraï*, & forment, à la mode du pays,

(56)

une danse vers la fin de laquelle les Anglois se disposent à faire le salut des armes, qu'ils exécutent au bruit de plusieurs coups de canon qui partent du vaisseau.

Fin du Quatrième & dernier Acte.

Lu & approuvé, le 11 Octobre 1788. SUARD.

Vu l'Approbation, permis d'imprimer, à Paris ce 11 Octobre 1788. DE CROSNE.

De l'Imprimerie de QUILLAU, rue du Fouarre. 1788.

www.ingramcontent.com/pod-product-compliance
Lightning Source LLC
Chambersburg PA
CBHW060522050426
42451CB00009B/1110